सूफी-इश्क

आत्म-प्रेम से रूहानी-इश्क की ओर

स्वर्णरश्मि

BookLeaf Publishing
India | USA | UK

Made with ❤ on the BookLeaf Publishing Platform
www.bookleafpub.in
www.bookleafpub.com

Dedication

मैं स्वर्णरश्मि अपनी कविताओं का संग्रह सर्वप्रथम स्वयं को समर्पित करती हूँ। मैं अपनी दिव्य, चेतना- स्वरूप अपनी अंतरात्मा की आवाज को समझते हुए आपके समक्ष अपनी भावनाएँ कविता के रूप में लेकर आई हूँ ।मेरी आध्यात्मिक यात्रा में यह मेरा पहला पड़ाव है ।ब्रह्मांड से मिली सकारात्मक ऊर्जा से सराबोर होकर, गहराई से अपने विचारों का मंथन करके, अपनी भावनाओं को कविता रूपी रचनात्मक कला से परिपूर्ण करके ,एक सुंदर आवरण देने का यह मेरा प्रथम प्रयास है।

इसके अतिरिक्त मैं अपनी कविताएँ अपने जीवनसाथी सुमित को समर्पित करती हूँ जिनके रूहानी इश्क ने मुझे खुद से प्यार करना सिखाया जो हर कदम पर मेरी प्रेरणा बने।मेरे जीवनसाथी सुमित ने मुझे अपनी जिंदगी के छोटे-छोटे लम्हों में समर्पण का अर्थ समझाया। हर दिन उनका व्यवहार और उनकी सोच ने मुझे यह अहसास दिलाया कि रूहानी इश्क़ सिर्फ एक भावना नहीं, बल्कि एक जीवनशैली है। चाहे हम साथ हों या दूर, उनका समर्पण और विश्वास मेरे लिए एक मार्गदर्शक बन गया। उन्होंने मुझे सिखाया कि समर्पण केवल एक कर्तव्य नहीं, बल्कि एक आंतरिक शांति और संतुलन को प्राप्त करने का मार्ग है। यह एक ऐसी शक्ति है, जो प्रेम और विश्वास के माध्यम से आत्मा को शुद्ध करती है। हम दोनों के बीच जो गहरा संबंध है, वह किसी साधारण रिश्ते से कहीं ऊपर है—वह एक रूहानी इश्क है , जो हम दोनों को अपने-अपने आत्मिक उद्देश्यों तक पहुँचने में मदद करता है।

— स्वर्णरश्मि

Preface

यह पुस्तक आत्मा की उस मौन पुकार का उत्तर है, जो प्रेम में डूब कर स्वयं से मिलना चाहती है। मेरी कविताएँ किसी बाहरी जगत की नहीं, उस अंतरजगत की यात्रा हैं जहाँ आत्मा और परमात्मा का मिलन होता है।

यह रचनाएँ सूफ़ी इश्क़ की अभिव्यक्ति हैं — वह इश्क़ जो देह से परे है, वह रूहानी -इश्क जो रूप-रंग से नहीं, रूह से जुड़ता है।

यह रूहानी - इश्क की कथा है — जहाँ पाने की लालसा नहीं, खो जाने की तलब है।
यह आत्म- प्रेम का दीप है — जहाँ व्यक्ति अपने भीतर झाँक कर अपने ही अस्तित्व को प्रेम करता है।

इन शब्दों में वह सन्नाटा है, जिसमें ईश्वर बोलते हैं, और वह स्पंदन है, जिसमें आत्मा खुद को पहचानती है।
यह संग्रह उन सभी आत्माओं के लिए है, जो प्रेम में फना होकर खुद को पा लेना चाहती हैं।
मैं हृदय की गहराईयों से आशा करती हूँ मेरी यह कविताएँ मेरे पाठकों को रूहानी सुकून पहुंचाएंगी ।उन्हें परमानंद की अनुभूति होगी। उनकी अंतरात्मा में ब्रह्मांड की ऊर्जा का नया संचार होगा ।मेरी कविताएं मेरे पाठको को स्वयं के रूहानी-इश्क से सराबोर कर देगी ।

— स्वर्णरश्मि

Acknowledgements

आभार प्रस्तावना

यह पुस्तक आत्मा के उस प्रेम की अभिव्यक्ति है, जो न शब्दों में बंधता है, न सीमाओं में – जिसे रूहानी इश्क़ कहते हैं। हर शब्द, हर अनुभूति मेरे अंतर्मन की गहराईयों से उपजी है, जहाँ आत्मा और प्रेम एक हो जाते हैं।

मैं सबसे पहले स्वयं को धन्यवाद देती हूँ – उस भीतरी साधिका को, जिसने प्रेम के इस सूक्ष्म अनुभव को स्वयं की अनुभूति में उतारा ,समझा और शब्दों में पिरोया।

मैं अपने जीवनसाथी सुमित को हृदय की गहराईयों से आभार प्रकट करती हूँ, जिनका मौन साथ, अटूट विश्वास और प्रेम भरी उपस्थिति मेरी यात्रा का अभिन्न हिस्सा रही है। वे मेरे जीवन की स्थिरता हैं, और मेरे लेखन की मौन प्रेरणा भी।

मैं आभार प्रकट करती हूँ अपने आध्यात्मिक गुरु श्री विशाल अवतार को जिनकी संस्था वर्ल्ड पीस फाउंडेशन से मैं जुड़ी हूँ। उनके सान्निध्य में ही मैंने आत्मा की यात्रा, आत्मा का परमात्मा से दिव्य -प्रेम, एकत्व की भावना को गहराई से जाना, समझा और अपने जीवन में उतारा। उनकी ही प्रेरणा से रश्मि से स्वर्णरश्मि का सफर तय करने में मैं सफल रही।

ईश्वर, ब्रह्म, उस अदृश्य प्रेम के स्रोत को नमन – जिन्होंने मुझे यह रचना करने की शक्ति दी।

पाठकों, साधकों, और प्रेम की खोज में निकले हर हृदय का भी आभार, जिनकी आत्मा इस रचना से जुड़ती है।

यह पुस्तक प्रेम को, आत्मा को, और उस रूहानी साथ को समर्पित है –

जो भीतर भी है, बाहर भी।
यह आंतरिक यात्रा मेरे सभी पाठकों को समर्पित है जिसमें आपको दिव्य प्रेम की अनुभूति होगी।।

– स्वर्णरश्मि

1. "जिंदगी "

जिंदगी में हमेशा हँसते रहो
कि हँसना जिंदगी की जरुरत है।
जिंदगी जिओ तो इस अंदाज में
कि तुम्हे देखकर लगे
कि जिंदगी कितनी
खूबसूरत सी है ।।

2. "मेरा रूहानी अक्स"

सुख भी यहीं, दुःख भी यहीं

ऐ मेरे अक्स

न जा तू कहीं

अब ना रही कुछ भी बात

कुछ दबी, कुछ अनकही

कुछ तेरी सुनी, कुछ मैंने कही

मेरे भीतर है तू ,

मेरा ही अक्स है तू ,

तू मेरा अंश ही सही

तेरे हर दर्द को हमदर्द बन

मैं बाँट लूँ

ये तू जान तो सही ।।

अरी पगली,

मुझे अपना समझ,

मुझमें सिमट

तू परत दर परत

खोल तो सही

मुझमें समा , अपना बना

मेरे जहन में है तू

दिल में उतर जा

तेरे हर प्रतिबिंब में है

अक्स मेरा

तू मुझे अपना तो सही

सुख भी यहीं, दुःख भी यहीं

(समभाव)

ऐ मेरे अक्स

न जा तू कहीं ।।

{अक्स (परछाई)
रूहानी (आत्मिक)
प्रतिबिंब(छाया)}

3. "जिंदगी का सफर"

जिंदगी के सफर में

हम अकेले आते हैं

जिंदगी के सफर में

सब छोड़ कर

हम अकेले चले जाते हैं ॥

इस आने-जाने के सफर में

कई लोग मिलते हैं

कई लोग बिछड़ जाते हैं

कुछ खट्टे-मीठे यादों के

खजाने छोड़ जाते हैं

पर जिंदगी का सफर

रुकता ही नहीं है

क्योंकि आगे बढ़ने का

नाम ही तो जिंदगी है

जमीं पर रहकर

आसमां छूने की

हर दिल की चाहत रहती है

ये चाहत ही तो

इंसान को

जीने का मकसद भी देती है ॥

अनगिनत आरजूओं के

मायाजाल में उलझा रहे

ये हर इंसान की

फितरत सी होती है

जज्बातों के उधेड़बुन में

फँसता जाए

ये ही जिंदगी की

हकीकत सी है ॥

क्या संग लाए थे

क्या साथ ले जाना है

तू रुस्वा ना कर ऐ जिंदगी

बस सब यही ,

यूँ ही छोड़ जाना है

बस इस जिंदगी को

गहराई से समझने की

जद्दोजहद सी है ॥

तू ख्वाब तो देख जरूर

ऐ जिंदगी

पर हर ख्वाब के

मुकम्मल होने की

ताबीर क्यूँ की है

जिंदगी के हर लम्हे को

खुशी से जिए जा

ऐ दोस्त

क्योंकि ऐ नादान

बड़े जन्मों के बाद मिली

तुझे ये जिंदगी

बला की खूबसूरत भी है ॥

"हर पल यहाँ जी भर जियो

जो है समा कल हो ना हो"

'लिव लाइफ किंग साइज'

{ फ़ितरत (स्वभाव)
रुसवा (बदनाम)
जद्दोजहद (कठिन प्रयास)
ताबीर (सपनों का फल)
मुकम्मल (संपूर्ण) }

4. "यादों के गलियारे से"

(समर्पित मेरे इश्क को)

हम यादों के गलियारे से

चंद पलचिन्ह चुरा कर लाए हैं

दिल की हसीन बगिया से

कुछ कलियाँ खिलाकर लाए हैं

कारवाँ यूँ ही गुजरता है

वक्त की सुईयाँ

यूँ ही बदलती हैं

हम वक्त के दामन से

स्वप्निल, कोमल लम्हात

खींचकर लाए हैं

जीवन के अमिट,

यादगार, अविस्मरणीय लम्हों की

तस्वीर बनाकर लाए हैं

उतरे है यादों के चांद-सितारे

आज ज़मी पर

जो हम हिफाज़त से

अपनी हथेली पर

सजा कर लाए हैं।।

हम आपको एक सुहाने सफ़र पर

ले जाने आए हैं

पुरानी यादों के झरोखों से

खूबसूरत पलों को

संभाल कर लाए हैं

हसीन, खूबसूरत पलों को

आपकी पलकों पर सजाने आए हैं।।

कुछ खूबसूरत साथ

छूटा नहीं करते

वक्त की शाख से लम्हे

टूटा नहीं करते

मिलते हैं कुछ लोग जिंदगी में ऐसे

जिनसे नाते कभी टूटा नहीं करते।।

वो लम्हे भी कितने हसीन होते हैं

जब तू मेरे पास होता है

पर वो लम्हे तो और भी

हसीन हो जाते हैं

जब तेरी यादें मेरे पास होती हैं

बीते लम्हे जब भी याद आते हैं

मेरी साँसों को यूँ ही महका जाते हैं

होठों पर एक हसीन

मुस्कुराहट छोड़ जाते हैं

जाने हम सब क्यों

जिंदगी की दौड़ में

दौड़ते ही चले जाते हैं

अपनी-अपनी दुनिया में यूँ

मसरूफ हो जाते हैं

कि अपनी परछाइयों को जैसे

पीछे छोड़ आते हैं।।

हर दिल में दर्द छुपा होता है

बयां करने का अंदाज़ जुदा होता है

कुछ आँखें दर्द को बयां कर देती है

और किसी की हंसी में भी

दर्द छुपा होता है

हर पल में प्यार है

हर लम्हे में खुशी है

खो दो तो यादें हैं

जी लो तो जिंदगी है।।

हर पल तुझ में ही खुद को पाते हैं

तुझसे जुड़े हर ख़्वाब को सजाते हैं

बस तेरी चाहत में ही

हम सुकून पाते हैं

तेरे लबों की मुस्कान को ही

जीने का मकसद बनाते हैं

वो बातें, वो मुलाकातें,

वो बारिश की रातें

आज भी दिल के मौसम को

भिगो जाते हैं

मेरे हर तसव्वुर में बसी है

तेरी ही तस्वीर

तेरी तस्वीर को ही हम

खुदा की इबादत मान जाते हैं

हम इश्क की हर हद से

गुजर जाते हैं

हम तेरी मोहब्बत में

खुद को फ़ना किए जाते हैं

हम सनम तुझको ऐसे ही

दीवानों की तरह चाहते हैं

तेरे सदके में हमेशा सिर को

यूँ ही झुकाते हैं

हम तुझसे "बेपनाह इश्क"

किए जाते हैं

तेरी "यादों के गलियारे से"

हर मोड़ पर "तेरा ही नाम" पुकारते हैं

बस "तेरा ही नाम" पुकारते हैं

बस "तेरा ही नाम" पुकारते हैं ।।

{ कारवाँ (संदर्भ में- यादों का काफ़िला)
तसव्वुर (कल्पना)
फ़ना (विलीन हो जाना, मिट जाना)
बेपनाह(असीम) }

5. "प्यार क्या है "

(एक मुमुक्षु की नज़र से)

सोचती थी प्यार पर

एक कविता लिखी जाए

क्या होता है प्यार

ये सबको बताया जाए ॥

प्यार एक खुशबू है

जो साँसों को महका जाए

प्यार एक नशा है

जो दिलों को मदहोश कर जाए

प्यार एक मीठी नींद है

जो हज़ारों ख्वाब जगा जाए

प्यार एक चिंगारी है

जो भड़कती आग बन जाए

प्यार सावन की मीठी फुहार है

जो अपनी बूँदों से

तन-मन को भिगोती जाए

प्यार एक सुर है

जो सात सुरों की सरगम से

मधुर संगीत बन जाए ॥

प्यार एक अटूट बंधन है

जो दो दिलों को

एक अनजानी डोर में बाँधता जाए ॥

प्यार एक कविता है

जो भावनाओं को शब्दों में पिरोकर

मन के तारों को झनझना जाए

प्यार एक पाक स्पर्श है

जो मन के भीतर के

हर कोने को छू जाए

प्यार एक मधुर अहसास है

जो मीठा सा दर्द जगा जाए

पर फिर भी कोई ये समझ ना पाए

आखिर क्या है ये "प्यार" हाय ॥

प्यार एक कशिश है

जो दो प्रेमियों की

धड़कनों में समा जाए

प्यार ममता की छाँव है

जो माँ के आंचल में

सारे जहाँ की खुशियाँ समेट जाए

प्यार एक आशिकी है

जो मोहब्बत की हद से गुजर जाए

प्यार एक रवानगी है

जो लहू बनकर रगों में दौड़ जाए

प्यार एक गाथा है

जो अमिट, अजर, अमर हो जाए

प्यार एक सहानुभूति है

जो एक- दूजे के मन की

गहराईयों को भाँप पाए

प्यार एक आशा है

जो मायूस दिल में भी

आस जगा जाए

प्यार एक सुरूर है

जो नशा बनाकर साँसों में समा जाए ॥

प्यार एक दीवानगी है

जो होश-ओ- हवास भी

गुम कर जाए

प्यार एक कसक है

जो कभी ना मिट पाए

प्यार एक मजबूत बुनियाद है

जो रिश्तों को सदा के लिए

थाम पाए

प्यार एक अटूट विश्वास है

जो कभी ना टूट पाए

प्यार श्री कृष्ण की मधुर बंसी भी है

तो प्यार वीणा की तान भी है

प्यार की परिभाषा राधा भी है

तो प्यार की मिसाल मीरा भी है ॥

प्यार एक अनमोल रत्न है

जिसे जौहरी भी ना परख पाए

प्यार एक सच्चा मार्गदर्शक है

जो खूबसूरती से

जीने की राह दिखाए

प्यार एक सुंदर सपना है

जो खूबसूरत पलकों में बस जाए

प्यार एक रूहानी सुकून है

जो मन की तरंगों को

एक ठहराव दे पाए

प्यार एक गहरा समुन्दर है

जिसका कोई पार ना देख पाए

प्यार एक मासूम सा जवाब है

जो सब सवालों के बवंडर को

विराम दे पाए ॥

प्यार एक आसान सी पहेली है

जो उलझी हुई जिंदगी को

सुलझा जाए

प्यार एक निर्मल ,सरल,

सहज सा अहसास है

जो जिंदगी को हसीन बना जाए

प्यार एक ठहराव भी है

जो मन की उथल-पुथल को

शांत कर जाए

प्यार एक जलती मशाल है

जो ज़र्रे-ज़र्रे को रोशन कर जाए

प्यार एक जलजला है

जिसकी कंपन से

धरती-अंबर थरथरा जाए ॥

प्यार एक श्रृंगार है

जो हर अंग को अलंकृत कर जाए

प्यार एक हमसफ़र है

जो जिंदगी के सुहाने सफ़र को

और खूबसूरत बना जाए

प्यार एक गहरा जज़्बात है

जो आंतरिक भावनाओं को

सहजता से व्यक्त कर पाए

प्यार एक अरमान है

जो सोए ख्वाब जगा जाए

प्यार एक जुनून है

जो पागलपन की हद से गुजर जाए

प्यार एक मर्यादा है

जिसका उल्लंघन न कोई कर पाए ॥

प्यार एक दिव्य-प्रकाश है

जो हृदय की गहराईयों को भी

रोशन कर पाए

प्यार एक रूहानी मरहम है

जो रूह के हर घाव को भर जाए

प्यार "प्यार "है

खुद से "सूफी-इश्क" है

जो रूहानी-इश्क का

अहसास करा जाए

प्यार खुदा की सच्ची इबादत है

जो निःस्वार्थ भाव

और पूर्ण समर्पण से की जाए

प्यार खुदा से रूबरू

मिलने का ज़रिया है

जो खुद "खुदा"का

दीदार करवा जाए ॥

प्यार एक आध्यात्मिक साधना है

जो आत्मा की प्यास बुझा जाए

प्यार एक संपूर्ण समर्पण है

जो आत्मा को

आत्म-जागरूकता

और आत्म-साक्षात्कार की

ओर ले जाए

प्यार (समर्पण से)

मोक्ष को पाने की सीढ़ी है

जो हर "मुमुक्षु" की मंजिल बन जाए

बस यही तो "प्यार"है

यही तो "प्यार" है ।।

{ मुमुक्षु- (जो लोग आध्यात्मिक साधना करते हैं और जीवन- मृत्यु के बंधन से मुक्ति पाना चाहते हैं, उन्हें मुमुक्षु कहा जाता है)
रवानगी(प्रस्थान) , आत्म-साक्षात्कार (आत्मज्ञान)
ज़र्रे-ज़र्रे (कण- कण) , सूफी-इश्क(दिव्य-प्रेम)
रूहानी-इश्क (अलौकिक प्रेम) , रूबरू(आमने-सामने) }

6. "तू बुद्ध हो जा"

चल निरंतर मत भटक

अब स्थिर तू हो जा

ना तू चिंतन कर पथिक

भावशून्य हो जा

छोड़ दे सब चल-अचल

तू मुक्त जा

चल तू मेरे साथ चल

लहरों में खो जा

अस्तित्व को तू ना नकार

तू शुद्ध हो जा ॥

नि:शब्द रह तू मौन रह

भीतर समा जा

यूँ स्तब्ध सा तू ना ठहर

आगे बढ़ा जा

अंतर्मन में है जो द्वंद सा

उसको समझ जा

मन की गहराईयों में अब

गहरा उतर जा

प्यार का श्रृंगार कर

अब तू संवर जा

संसार की मोह माया से

अब निर्लिप्त हो जा ॥

तू कण है इस ब्रह्मांड का

सृष्टि में मिल जा

मैं को अपनी भूल कर

तू बुद्ध हो जा

बस "मैं "को अपनी भूल कर

तू "बुद्ध" हो जा ॥

{ अस्तित्व(सत्यता) , स्तब्ध (दंग रह जाना)
अंतर्मन (भीतरी मन), द्वंद (संघर्ष)
निर्लिप्त (उदासीन) }

7. "सुकून"

(समर्पित है मेरे इश्क को)

मुझको अपना सुकून बना ले तू

मेरा सुकून तू बन जा

दिल की परतें अब खोल ले तू

मेरा मीत तू बन जा

कुछ नज़्म यूँ ही गुनगुना ले तू

मेरा गीत तू बन जा

क्यों भाग रहा है पगले

जिंदगी से तू

रे पथिक, अब जा ठहर

मेरी जिंदगी तू बन जा

कसकर पकड़ ले हाथ मेरा

मेरा हमराही तू बन जा।।

वक्त की सुईयाँ

ना बदल सकेंगे हम

पर मेरा सुनहरा कल तू बन जा

कुछ बिखरा-बिखरा सा

कुछ टूटा- टूटा सा है मन

इन टुकड़ों को समेट

नई तकदीर तू लिख जा

बहुत हुई तकरार,

ये वाद-विवाद

रूह से प्यार का अहसास कर

मेरे जहन में तू बस जा

माना तेरे मेरे दरमियां

फासलें हैं बहुत

अब इन फासलों को मिटाकर

मेरी रूह में तू समा जा।।

यूँ ही कशमकश में

गुजर जाएगी जिंदगी

हर पल को जिंदादिली से जी

तू एक मिसाल बन जा

जिंदगी के हर पल को

खुलकर जी ले रे पगले

मेरी खूबसूरत सी जिंदगी का

खूबसूरत हमसफ़र तू बन जा।।

चाँदनी रात में रोशन

चाँद- सितारों की तरह

मेरी नींदों में बस जाए

वो मेरा ख़्वाब तू बन जा

वो इश्क ही क्या

जो साँसों को ना महकाये

मुझसे नज़रें तो मिला

मेरा इश्क तू बन जा।।

मेरे साथ चल, मेरे हमसफर

लंबी डगर, मत कर फिकर

यूँ दर-बदर ,अब ना भटक

अब तो ठहर जा

थक गई हूँ मैं यूँ भागकर

मेरे मन में क्या ये जानकर

तू रुक ज़रा, मेरे हमनवा

संग अपने तू ले जा।।

मेरे "अस्तित्व "को तू ना मिटा

ना मैं खुदा, ना तू खुदा

गिर के संभल, उठ के तू चल

मेरी तस्वीर में है तेरा अक्स

तेरे अक्स में हूँ मैं बसी

मेरा संबल तू बन जा

तदबीर कर,

मेरे रहगुजर

मुझे खुद से ना यूँ दूर कर

तेरे मुकद्दर में हूँ मैं

तू मेरी तकदीर बन जा

तूफ़ान को अब शांत कर

इस वेग को तू रोक अब

माना कि लहरें हैं प्रबल

तू स्थिर तो हो जा

खुद के अक्स को पहचानकर

अब तो सँवर जा

मेरा हाथ बस यूँ थामकर

'निश्चिंत' हो जा।।

भीतर के कोमल मन की सुन

तेरी मुस्कुराहटों की धुन

तेरे होठों पर यूँ ही सजी रहे

तेरे सुरों की सरगम

बस प्यार का अहसास कर

तू प्यार बन जा।।

क्यों कांधे पे लादा बोझ सा

बोझिल सा है ये मन तेरा

तू देख भीतर झांककर

क्या मैं ही हूँ साया तेरा

(तेरा रक्षक)

साया भी गर छुप जाएगा

तू खुद को अकेला पाएगा

साये को मिटाकर हाथ से

क्या खुश तू रह पाएगा

साये को (मुझे)अपने साथ रख

तू "उन्मुक्त" हो जा ।।

मैं हूँ उगते "सूरज की किरण"

(स्वर्णरश्मि)

बढ़ने दे चहुँओर अब

मुझको ना तू यूँ मायूस कर

मेरा दिव्य- प्रकाश तू बन जा।।

बस बहुत हुआ

ये तर्क- वितर्क

कितनी है दर्दों की परत

मेरा हाथ यूँ ही थामकर

तू मेरे संग चले जा

खूबसूरत जिंदगी का सफ़र

खूबसूरत, आसान कर जा

"कुछ मैं बदल जाऊँ,

कुछ तू बदल जा"

" कुछ मैं बदल जाऊँ,

कुछ तू बदल जा"

मुझको सुकून बना ले तू

मेरा सुकून तू बन जा

मुझको सुकून बना ले तू

मेरा सुकून तू बन जा।।

{ अस्तित्व (सत्यता) ,अक्स (परछाई)
संबल (सहारा) ,तदबीर (तरकीब)
रहगुजर (रास्ता) , उन्मुक्त (स्वतंत्र) }

8. "स्वयं से रूहानी-इश्क"

आईने में तुझको

निहारती हूँ बार-बार

तेरा दीदार करने को

रहता है दिल बेकरार

दिल तुझपे ही मरता है मेरे यार

प्यार तुझसे

हो जाता है हर बार

तेरे होठों की ये

कातिल मुस्कान

जिस पर दिल जाता है हार

तू ही तो है ऐ मेरे हमसफर

मेरा सच्चा साथी

मेरा सच्चा प्यार

तेरी हर धड़कन में है

सागर सा गहरा प्यार

जिसकी गहराई का

नहीं है कोई पार ॥

तेरे रोम रोम में बसी हूँ मैं

आ कर ले मुझसे ही आँखें चार

तुझे देखकर मदहोश हो जाए

अच्छे अच्छे को

आ जाता है बुखार ॥

नश्तर सा कुछ चुभा है दिल में

सीने के हो जाता है आर -पार

तू है मादक,

इठलाती ,बलखाती नार

घायल करती है सबको

नैनों से तीर मार

चाहने वालों की तेरे आगे पीछे

लग जाती है लंबी कतार

इस बाहरी आवरण के भीतर

मेरी रूह रह गई सिमट कर

खुद से ही खुद को मिलाकर

आज दिल

रोया है ज़ार-ज़ार ॥

तोड़ दे सारे मन के बंधन

गिरा दे सारी नफरत की दीवार

मन की आँखों से देख रे पगली

तेरे चारों ओर है

प्यार भरा संसार

कर ले खुद से ही इश्क है बंदे

यही तो है

इस क्षणभंगुर जीवन का सार

आज कर ले खुद से ही प्यार

खुद से ही प्यार

खुद से ही प्यार

यही है मेरा

स्वयं से 'रूहानी-इश्क'

और

मेरा 'स्वयं' से सच्चा प्यार ॥

{रूहानी-इश्क (दिव्य- प्रेम) ,मदहोश (नशे में चूर)
नश्तर (छुरा) ,आवरण (परत)
ज़ार-ज़ार(अत्यधिक फूट-फूटकर)
क्षणभंगुर(क्षण भर में नष्ट होने वाला) }

9. "मैं क्या सोचूँ, मैं क्या कहूँ"

सोचती हूँ मैं कि कुछ कहूँ

पर सोचती हूँ मैं क्या कहूँ

कहने को है बहुत कुछ

और कुछ भी नहीं

सुनने को है बहुत कुछ

और कुछ भी नहीं

बहुत कुछ है जो मुझे

सुनाना है किसी को

पर कुछ किसी को

सुनाने के लिए है भी नहीं

बहुत से लोग हैं

जो सुनना चाहते हैं

मुझसे बहुत कुछ

पर कोई मेरा है भी नहीं

जो सुने मुझसे कुछ ॥

पर कुछ कहने से पहले

चलो सोचते हैं

बहुत कुछ है कहने के लिए

शुरुआत कहां से की जाए

यही सोचते हैं

चलो सबसे पहले

यही एक काम करते हैं

क्या सोचना है

यही पहले सोचते हैं

पर सोचती हूँ

क्या सोचा जाए

काम तो मुश्किल है

चलो कोई आसान

काम किया जाए

सोचकर क्या करना है

चलो यही सोचा जाए

पर सोचने बैठती हूँ

तो सोचती हूँ

कितना कुछ है सोचने के लिए

क्या-क्या सोचा जाए

पर जब वाकई में सोचती हूँ

तो लगता है 'क्या' सोचा जाए

और अगर मान लो

किसी तरह सोच भी लिया जाए

तो फिर सोचती हूँ

कि फिर कहा 'क्या 'जाए ॥

यही तो समझ में नहीं आ रहा

कि अगर सोचा जाए

तो फिर कहा क्या जाए

या फिर कहा जाए

तो फिर सोचा क्या जाए

मैं कहूँ कि मुझे सोचना है

या फिर मैं सोचूँ

कि मुझे कहना है

बस मुझे इतना तो अब

पता चल ही गया है

कि मुझे कुछ कहना तो है

और कहने के लिए

कुछ सोचना है ॥

बस यही तो होता है मेरे साथ

मैं यही सोचती रह जाती हूँ

कि मैं क्या सोचूँ

और मैं क्या कहूँ

और इस कशमकश में

ना मैं कुछ कह पाती हूँ

ना मैं कुछ सोच पाती हूँ

चलो कुछ देर खामोशी से

बैठती हूँ

और फिर से सोचती हूँ मैं

कि कुछ सोचूँ

पर उलझकर सोचती हूँ मैं

कि क्या सोचूँ

यही सोचती हूँ मैं

कि कुछ कहूँ

कि मुझे कुछ नहीं कहना है

बस सोचना है

या फिर कुछ नहीं सोचना है

बस कहना है ॥

सोचती हूँ

एक नया काम करते हैं

मैं चुप रहती हूँ

और सोचती हूँ

कि शायद मैं भी

कभी कुछ कहूँ

इतने में तुमने तो

कुछ सोच ही लिया होगा

कि तुम्हें क्या कहना है

तो चलो देखते हैं

कि तुम क्या कहते हो

और आखिर में

मैं यही सोचती हूँ

कि मैं कुछ नहीं कहती हूँ

बस सुनती हूँ

और सोचती हूँ अंत में

कि मैंने अब तक

तो ना कुछ कहा है,

ना ही कुछ सोचा है

तो अब अच्छा होगा

आगे भी

कुछ ना ही कहूँ

और कुछ ना ही सोचूँ ॥

यूँ ही कहने- सुनने में

सोचने- समझने में

कट जाएगी

खूबसूरत सी यह जिंदगी

बंद आँखों से

स्वप्निल दुनिया की

सैर कर आएगी यह जिंदगी

तो इसलिए ना तुम कुछ सोचो

ना मैं कुछ सोचूँ

ना तुम कुछ कहो

ना मैं कुछ कहूँ

बस यूँ ही खामोश रहकर

इन खूबसूरत लम्हात को

बीत जाने देते हैं

इस खामोशी को

आगोश में लेते हुए

यूँ ही जिंदगानी को

हसीन बना लेते हैं ॥

{ कशमकश (उलझन) ,स्वप्निल (सपनों से भरा)
लम्हात(क्षण) ,आगोश(आलिंगन) }

10. "सूफी- इश्क"

क्यों दर-बदर

भटक रहा है नादान

तू रूहानी- इश्क की

तलाश लिए

तेरे सीने में क्यों उठ रहे हैं

यूँ तूफ़ान

कुछ कर गुजर,

खुद को यूँ ना धकेल तन्हा

जीवन के भँवर में

फँसने के लिए

तेरी रूह को

ना चैन है ना आराम

उठ रही है ये लहरें

तेरी रूह को सुकून

देने के लिए ॥

हर दर्द को तू कर रुख़सत

इस क्षणभंगुर जिस्म से

तेरे अक्स को तू दे दवा

कुछ भी नहीं तेरे सिवा

खुद से इश्क की उम्मीद का

दामन ना छोड़

क्योंकि एक पतवार का

सहारा भी बहुत है

तेरी डूबती हुई किश्ती को

किनारा देने के लिए ॥

इस निष्ठुर, निर्मोही जग में

दूसरों से बेवजह

दरियादिली की उम्मीद

ना कर पगले

इस कायनात में

जिस्म का आवरण लपेटे

जन्मा है हर शख्स

वक्त के तराजू में एक दिन

तोले जाने के लिए

हर शख्स को यहाँ तलाश है

बेपनाह मोहब्बत के सागर में

डूब जाने की ॥

नजरें इनायत हो

उस परवरदिगार की

तो रूह खुद से ही

रूबरू हो जाती है

उस बेहिसाब रूहानी- इश्क को

महसूस करने के लिए

वह "परम शक्ति"

इस ब्रह्मांड के

ज़र्रे-ज़र्रे में भर देती है

ऐसा दिव्य अलौकिक

"सूफी इश्क"

जो काबिल है

इस मिट्टी के पुतले को

जज़्बात के समुंदर में

गोते खिलाने के लिए ॥

बड़ी शिद्दत से

किया हुआ इश्क

जब हद से पार हो जाए

रूह भी जन्म मरण के बंधन से

आज़ाद हो जाए

इस बेपनाह इश्क में

यह रूह फ़ना हो जाए

उस "परम शक्ति" के समक्ष

सब खड़े हैं करबद्ध

उस परम शक्ति को ही

अपने भीतर उतार जाए

उस दिव्य- प्रकाश को

अपने भीतर ही

प्रकाशित कर जाए

क्यों ना तू खुद ही

सूफी हो जाए

और इश्क की

इबादत लिख जाए ॥

ना कोई चाहत रह जाए

ना कोई दर्द रह जाए

बस तू ही तू रह जाए

और खुदा के संग मिल जाए

इश्क का नगमा गाए

तू खुद इश्क ही हो जाए

ऐ खुदा के नेक बंदे

क्यों ना तू खुद

खुदा में समा जाए

खुदा तुझ में समा जाए

तू ही खुद,

खुदा -ए- इश्क

बन जाए

और खुद को पहचान

खुदा के ऐ नेक बंदे

तू ही खुद खुदा बन जाए

और तेरा खुद से ही

" सूफी इश्क"

सदा -सदा के लिए

कयामत के अंत तक

अमर हो जाए।।

{ फ़ना (स्वयं का पूर्ण समर्पण, ईश्वर के साथ एक होने की स्थिति,
व्यक्तिगत इच्छा का ईश्वर की इच्छा में विलय होना)
आवरण(परत) ,रूहानी-इश्क(आत्मा का प्रेम)
सूफी-इश्क (दिव्य-प्रेम), रुख़सत (प्रस्थान)
ज़र्रे-ज़र्रे (कण-कण),शिद्दत (तीव्रता) }

11. "हमसफर"

(समर्पित मेरे प्यार को)

जिंदगी के अनजान सफर पर

हमसफर बन

यूँ ही चल पड़े

लिए हाथों में हाथ

दो दिल मिले

दिल में प्यार की

कलियाँ खिलीं

कुछ कशिश

कुछ नया अहसास

दिल में बस जाती है

हज़ारों ख्वाहिशें

और हज़ारों मीठी सी बात

चुपके-चुपके होती है

चंद मुलाकात

ये ही तो होती है

एक खूबसूरत से

रिश्ते की शुरुआत।।

उम्र के हर उतार-चढ़ाव में

एक दूजे का संबल बन

प्यार के दो हमराही

चल पड़े साथ-साथ

कभी धूप कभी छाँव

कभी थी काँटो भरी राहें

हर वचन को निभाने में

आईं कईं मुश्किलात

हँसते हुए किया सामना

चाहे कैसे भी हो हालात

ईश्वर से यही दुआ है

खुशियों की हो

तुझ पर बरसात

दिल से मुबारक आपको

सच्ची मोहब्बत की ये सौगात ।।

जब हर तरफ़ से

धीरे-धीरे

मैं होती जा रही थी लाचार

दिल ने तो चाहा उड़ना बार-बार

पर कदम ठिठके

थम गई रफ़्तार

चारों तरफ़ छा गया था

अंधेरा ही अंधेरा

तूने विश्वास का दीपक जलाकर

दिया मुझे नया सवेरा

तूने आत्मबल से

मंझधार में फंसी मेरी

किश्ती को दिया किनारा

तूने कसकर थामा मेरा हाथ

तू हर कदम पर बना मेरा सहारा।।

करती हूँ मैं दिल से तेरा आभार

न जाने कब तू बन गया

मेरा जीवन आधार

तेरी मेरी लड़ाई भी

होती है बड़ी धुआँधार

पर फिर भी करती रहूँगी

मैं तुझे प्यार बेशुमार

अटूट रहे ये बंधन

बेमिसाल हो हमारा प्यार ।।

बड़ी ही किस्मत से मिलता

एक सच्चा हमसफर है

कायनात का नायाब तोहफ़ा

एक सच्चा हमसफर है

नाराजगी में भी

फिक्र करना ना छोड़े

एक सच्चा हमसफर है

मेरी खामोशी की आवाज

जो सुन सके

एक सच्चा हमसफर है

मेरे हर दर्द को जो समझ सके

एक सच्चा हमसफर है

मेरे संग कम से कदम मिलाकर

जो चल सके

एक सच्चा हमसफर है।।

ओस की शबनमी बूँदे

जैसे रूह को भिगो देती हैं

रूहानी प्यार की खुशबू

तन-मन को महका देती है

इंद्रधनुष के रंगों जैसी

जिंदगी में रंग बिखेर देती है

हमसफर की कातिल मुस्कुराहट

दिल में कशिश जगा देती है

तू ही तो है

जो मेरी हर मुस्कान की वजह है

जो मेरी सारी खुशियों की वजह है

तू ही तो है

मेरा सच्चा साथी

जो मेरा सच्चा हमसफर है

जो मेरे हर दर्द की दवा है

जो मेरे दिल की धड़कन है

तू ही तो है

हाँ "तू"ही तो है

तू मेरा सच्चा "हमसफर" है ॥

{ अनजान(जिसे जानकारी ना हो)
संबल (सहारा) }

12. " तू ही बता जिंदगी "

जिंदगी तू ही बता

तू मुश्किल क्यूँ है।

हम कभी तुझे समझ ना पाते

फिर भी हम क्यूँ है

जीना चाहते

कभी हल्का सा गम भी आया

हमें तन्हा छोड़ जाती

कभी हमें सताती

कभी हमें रुलाती

हमारे अपनों को हमसे

दूर छीन ले जाती

न जाने क्या-क्या करवटें

तू बदलती

फिर भी हम तुझे

समझ ना पाते

आखिर तू ही बता ऐ जिंदगी

तू मुश्किल क्यूँ है।।

कभी तो है लगता

तू सफर है

और हम मुसाफिर है तेरे

कितने लंबे ,टेढ़े-मेढ़े मुश्किल

गुमनाम रास्ते हैं तेरे

इन रास्तों पर भटकते रहते हैं

हम सांझ-सवेरे

न जाने किन-किन कूचों से

हम गुजरे

न जाने कहाँ है मंजिल

न जाने कितने ही अनगिनत

सवाल है हमें घेरे

कितने ही सवालों के जवाब

हम हैं ढूंढ लेते

पर यही जवाब ना ढूंढ पाते

जिंदगी तू ही बता

तू मुश्किल क्यूँ है।।

कभी जमीं पर रहते

कभी आसमां में उड़ते

कभी सपनों की दुनिया

में ही खोए रहते

कभी हकीकत का

सामना करते

कभी खुशियों के पंख लगा

उड़ने लगते

कभी दुःखों के सैलाब में

खुद के वर्चस्व को ही

ढूंढने लगते

हमेशा किसी न किसी

उलझन में पड़े रहते

आखिर तू ही बता ऐ 'जिंदगी'

तू मुश्किल क्यूँ है ।।

जिस दिन इस क्षणभंगुर

जिंदगी के सार को

हम हैं समझने लगते

इस खूबसूरत सी जिंदगी के

हर खूबसूरत लम्हें को

खूबसूरती से बिताने लगते

फिर ना यह हम

कभी भी

कह सकते

कि आखिर तू ही बता

ऐ "जिंदगी"

तू मुश्किल क्यों है।।

{ सैलाब(बाढ़)
वर्चस्व(प्रधानता)
क्षणभंगुर(क्षणिक) }

13. "दीदारे-यार का इंतजार"

(एक प्रेमी की तड़प)

ना रातों को नींद का आना रहता है

ना दिन को आराम का

पाना रहता है

दिल सदा ही आहें भरता रहता है

किसी से मिलने को बेकरार रहता है

एक अलग ही दुनिया में

खोया रहता है

पर शायद ये दिल

डरता भी रहता है

कि कहीं ये किसी से

प्यार तो नहीं करता है।।

दिल तो करता है प्यार

पर जुबान लड़खड़ाती है

दिल के आईने में

एक तस्वीर उभर जाती है

दिल में फिर कोई मीठी सी याद

नश्तर सी चुभ जाती है

एक हल्की सी चुभन है

एक मीठी सी प्यास है

शायद दिल में जाग उठा

ये प्यार का अहसास है

दिल में बंधने लगी

शायद थोड़ी सी आस है।।

क्या तुझे जमाने से डर लगता है

या फिर खुद की परछाई से ही

डर लगता है

या दोस्ती को कुछ और नाम देने से

डर लगता है

तुझे क्यों शायद

अपने ही कदमों की आहट से

डर लगता है।।

मैं तुझसे कुछ पल

दूर जाना चाहता हूँ

अपने प्यार की इन्तहा

देखना चाहता हूँ

तेरे प्यार में शिद्दत से

तड़पना चाहता हूँ

खुद के नज़दीक आना चाहता हूँ

तुझको पाने की तमन्ना तो है

पर पहले मैं खुद को पाना चाहता हूँ।।

ना तुझसे कुछ भी पाना चाहता हूँ

यूँ ही बस आजमाना चाहता हूँ

तू कोई प्यार की गज़ल तो नहीं

ना जाने क्यों गुनगुनाना चाहता हूँ

तेरे इश्क की इन्तहा चाहता हूँ

मेरी सादगी तो देख

मैं ये क्या चाहता हूँ।।

मेरा दिल न जाने क्यों

परेशान सा रहता है

या फिर क्यों इतनी

तुझसे मोहब्बत करता है

कि तेरे मुझे भूल जाने के

ख्याल से ही डर लगता है

बस इसी उम्मीद में हम

नजरें बिछाए बैठे हैं

"दीदारे-यार" के इंतजार में

उनके आने का "ऐतबार"

किए बैठे हैं।।

ये रात कभी तो बसर होगी

हम दर्द- ए- दिल बयां करेंगे

फिर सहर होगी

हम तेरी मोहब्बत में कलमें पढ़ेंगे।।

तू सुन ज़रा, ऐ मेरे हमनवा

तेरी कातिलाना है हर अदा

मेरे दिलों-दिमाग पर बस पड़ा है

तेरे ही इश्क का पर्दा।।

ना समझ इसको फरमान

ये तो बस है मेरा अरमान

मेरे अरमानों को तू

नेस्तनाबूद ना कर

तू रूह से प्यार का अहसास कर

तेरी बेरुखी से,ना दे मुझको यूँ सजा

मेरे सब्र का ना इम्तिहान कर

मेरे प्यार का तू इल्म कर

बस है तुझसे इतनी सी इल्तिज़ा

ना रहे कोई दर्द का नामोनिशान

बस दे दे मुझको तेरी रज़ा

तेरी रज़ा में है मेरी रज़ा

तेरा ही रहूँगा सदा।।

बस इसी उम्मीद में हम

नजरें बिछाए बैठे हैं

"दीदारे-यार" के इंतजार में

उनके आने का "ऐतबार"

किए बैठे हैं।।

{ रात बसर होगी (रात बीत जाएगी)
सहर (सुबह) , इल्तिज़ा(प्रार्थना, निवेदन)
शिद्दत(तीव्रता) ,रज़ा (इच्छा)
नेस्तनाबूद (पूरी तरह से नष्ट कर देना) }

14. "मैं और मेरी तन्हाई"

सब है यहाँ मेरे आस-पास

पर 'मेरे' पास कोई भी नहीं है

चारों तरफ़ एक सन्नाटा है

एक खामोशी है , एक तन्हाई है

दूर से कभी अचानक

कोई आवाज़ आ जाती है

मैं उस आवाज़ की ओर

जाती हूँ

भागती हूँ,

घुटनों के बल रेंगती हूँ

पर फिर वह आवाज़

और दूर चली जाती है

मैं फिर भागती हूँ

उस आवाज़ को

महसूस करती हूँ

पर फिर अचानक वह आवाज़

बंद हो जाती है

मुझे फिर से

तन्हा छोड़ जाती है ॥

फिर तभी अचानक दूर

एक साया सा दिखाई देता है

दूर कहीं जैसे कोई

आपको बुला रहा हो

मैं उसे साये की ओर जाती हूँ

फिर से भागती हूँ

घुटनों के बल रेंगती हूँ

वह साया भी भागने लगता है

मुझसे दूर चला जाता है

मैं जितनी उसके पास जाती हूँ

वह उतना दूर चला जाता है ॥

एक पल के लिए तो

ऐसा लगता है

वह साया भी मेरे पास है

उसने मुझे व मैंने उसे

जकड़ रखा है

पर फिर अचानक वह

साया भी गायब हो जाता है

मैं पलटती हूँ

अपने आसपास देखती हूँ

मैं वहीं की वहीं

खड़ी रह जाती हूँ तन्हा

दूर-दूर तक कोई नहीं है यहां

ना कोई आवाज़

ना कोई परछाई

रह गए तो सिर्फ

हम दोनों

मैं और मेरी 'तन्हाई' ॥

पर इस तन्हाई का भी

अपना ही आनंद है दोस्तों

इस तन्हाई में नहीं है

कोई रुस्वाई

इस तन्हाई में मिलती है

आंतरिक खुशी दोस्तों

इस तन्हाई में मिलती है

हृदय की गहराई

जब इस गहराई में उतरकर

होता है

स्वयं से

साक्षात्कार दोस्तों

स्वयं से रूबरू होकर

जो होती है

दिव्य आनंद की अनुभूति

वह अनुभूति ही तो है

बेजोड़ दोस्तों

इस आंतरिक गहराई में उतरकर

दिव्य आनंद

और आंतरिक शांति की

नहीं है कोई और भरपाई ॥

मैं स्वयं के ही

चेतना रूपी दिव्य स्वरुप को

दिव्य प्रकाश में देख पाती हूँ दोस्तों

जब प्रत्यक्ष रूप से

समर्पित होती है

"मैं और मेरी तन्हाई"

और जीवन रूपी नैया

परमानंद के सागर में

गोते लगाकर

संपूर्ण रूप से हो जाती है

सराबोर

जब संग रहती है

" मैं और मेरी तन्हाई" ॥

{ साक्षात्कार (सामने आना) ,रूबरू(आमने-सामने)
प्रत्यक्ष (आँखों के सामने) ,सराबोर (पूरी तरह से भीगा हुआ) }

15. "रूमानियत"

(आत्म-प्रेम से रूहानी-इश्क की ओर)

फिजाओं में आज "रूमानियत" है

मौसम हुआ मस्ताना

आज फिर से खुद से इश्क हुआ

मिजाज हुआ शायराना

आज फिर से मन-मयूरी नाच उठी

दिल में अरमानों की लहर उठी

आज फिर से है कलम उठी

कुछ लिखने की तड़प उठी

उड़ने दो मुझे,पंख फैलाने दो मुझे

कि इस बांवरे मन ने

खुले आसमान में उड़ने की

फिर से की है कोशिश

इस कायनात ने मुझे

"मुझसे" ही मिलाने की

फिर से की है साजिश ।।

ज़र्रे-ज़र्रे में रूमानियत है

ये तेरी मोहब्बत की है कशिश

तुझसे नजदीकियों की

उम्मीद का दामन पकड़े

इन हवाओं में भी है दबिश

मेरा तुझसे मिलना

यूँ ही इत्तेफाक ना था

ये थी ही रब की मुझे

"तुझसे"मिलाने की साजिश

बिन मौसम,बिन वजह,बिन सबब

मेरी आँखों से बरस पड़ी

सुहानी यादों की बारिश ।।

ना हो कोई फासले,

ना कोई शिकवे-शिकायत

ना रहे बेदर्द जमाने से

कुछ भी रंजिश

तेरे इश्क के सिवा ना रहे

कुछ और भी पाने की ख्वाहिश

तेरे लबों से निकला हर फ़साना

लगता है जैसे दिल की है

कोई खास फ़रमाइश

तेरा दीदार है जैसे जन्नत का द्वार

तुझसे इश्क करने की

मौसम ने भी की है सिफारिश।।

मेरे ख्वाबों में भी बसी है

तेरी ही तस्वीर

मेरी रूह को सराबोर कर देती है

तेरी मोहब्बत की बारिश

तेरी मोहब्बत में हम यूँ ही

नज़्में लिखते जाएँ

ये फिजाओं ने भी की है फरमाइश

तेरे इश्क में फ़ना होकर

तुझ में ही

रब देखने की है ख्वाहिश

मेरी दुआओं में सदा

सिर्फ जिक्र हो तेरा

है उस खुदा से इतनी सी गुजारिश।।

तेरी मोहब्बत की जुस्तजू ने

मेरी रूह को सँवारा

तेरे बिना ये जग सूना,

ना एक पल जीना गँवारा

तू जो मिले तो

मुकम्मल लगे ये जिंदगी

हर मोड़ पर हो

हाथों में हाथ तुम्हारा

मेरे लबों पर रहे हरदम

बस फ़साना तुम्हारा

हर साज़ में, हर नज़्म में ,

हो तराना तुम्हारा

मेरी हर साँस में बसा रहे

बस वज़ूद तुम्हारा

हर कतरे में दिखे

बस अक्स तुम्हारा

रब की इबादत के जैसा है

इश्क हमारा

बस एक मैं हूँ

और "साया" तुम्हारा

ये दुआ है "स्वर्णरश्मि"की

मेरी हर दुआ में हो

सिर्फ नाम तुम्हारा

है सूफियाना ये रूहानी-इश्क मेरा

जिंदगी के हर कदम पर

बस हो साथ तेरा

मेरे रूह में बसा रहे

बस नाम तुम्हारा

ना जरूरत है अब

और किसी पहचान की

जब "तू "ही "मैं" है

"मैं" ही "तू" हूँ

ये रूह से रूह का

रिश्ता है बड़ा प्यारा

बस सलामत रहे

ये रूहानी-इश्क हमारा।।

{ फिजाओं में(हवाओं में) , रूमानियत(प्रेम और उत्साह से भरी भावना)

फ़साना (कहानी), रूहानी-इश्क(दिव्य प्रेम)

मुझसे"(संदर्भ में- आत्म-प्रेम ,आत्म- जागरूक अवस्था) , वज़ूद (अस्तित्व में होना)

जुस्तजू (तलाश), रंजिश (मनमुटाव) ,नज़्में (कविताएँ) ,ज़र्रे-ज़र्रे(कण-कण) }

16. "मैं क्या हूँ"

मैं क्या हूँ , कभी-कभी मैं

खुद ही उलझन में पड़ जाती हूँ

मैं क्या हूँ , यह कभी-कभी मैं

खुद भी समझ नहीं पाती हूँ।।

मेरे अंदर एक छोटी सी बच्ची है

जो जीना चाहती है

एक तितली बनकर

नई उमंगों और सपनों के साथ

इधर-उधर मंडराना चाहती है।।

मैं एक मस्त पंछी हूँ

जो बिना किसी रोक-टोक के

स्वछंद आकाश में उड़ना चाहता है

न सिर्फ इस दुनिया की

सारी ऊँचाईयाँ छूना चाहता है

बल्कि इस नीले आसमान के

दूसरी ओर जो दुनिया है

उसे भी देखना चाहता है।।

मैं एक नन्हा सा पौधा हूँ

जिसे प्यार और दुलार से

सींचने की जरूरत है

पर मेरा माली ही न जाने क्यों

मुझसे ही लापरवाह है ।।

मैं एक कोमल सा फूल हूँ

जो अपने-आप को सदा

काँटों से घिरा हुआ पाता है

जो कि ज़रा सा भी

प्यार और दुलार मिला

तो खुद भी महकता है

और दूसरों को भी महकाता है

और वह महकता फूल

ज़रा सा भी पतझड़

आ जाने पर

मुरझा भी जाता है

पर जो फूल सहेज कर

गुलदस्ते में लगाने लायक है

उसे ही निर्दयता से कुचल दिया जाता है।।

मैं एक जलती हुई मशाल हूँ

जो न जाने कब तक जलती रहेगी

पहले भी न जाने कब से जल रही है

खुद भी झुलस रही है

और अपने तेज ताप से

दूसरों को भी झुलसा रही है।।

मैं एक सागर हूँ

जिसके अंदर कई उमंगों की लहरें

अठखेलियाँ कर रही हैं

पर किनारे तक आते-आते

सब लहरें टूट जाती है।।

मैं कभी सावन की ठंडी फुहार हूं

तो कभी सूरज की तपती किरण हूँ

कभी बर्फ की तरह ठंडी हूँ

तो कभी आग का तपता गोला हूँ

मैं खुद के लिए भी एक

अनबूझ पहेली हूँ ।।

मेरे दिमाग में

कब क्या चलता रहता है

कभी-कभी मैं खुद भी

हैरान रह जाती हूँ

यह जिंदगी की किताब

क्या-क्या पन्ने पलटती है

कि मैं खुद पढ़कर भी

समझ नहीं पाती हूँ।।

कभी-कभी मैं खुद भी

इसी कशमकश में पड़ जाती हूँ

"मैं क्या हूँ" कभी

खुद भी समझ नहीं पाती हूँ

सच तो यह है वास्तव में

मैं सृष्टि के कण-कण में हूँ

मैं सब जगह व्याप्त,

सब जगह स्थापित व स्थिर हूँ

मैं निर्गुण, निराकार व निरंकुश हूँ

अपने- आप में सर्वगुण संपन्न हूँ

"मैं हूँ"

मैं हर वस्तु-पदार्थ में हूँ

मैं हर व्यक्ति के हृदय-स्थल में हूँ

मैं हर जीव- जंतु के मानस- पटल में हूँ

मैं सृष्टि की हर रचना के

बुनियादी संरचना में व्याप्त हूँ

मैं हूँ, मैं हूँ, मैं हूँ

मैं सृष्टि के कण-कण में हूँ

मैं सर्वत्र कहीं हूँ

मैं हूँ, मैं हूँ, मैं हूँ

हाँ मैं हूँ

हाँ मैं सर्वत्र कहीं हूँ।।

{ अनबूझ (जिसे समझा ना जा सके) , कशमकश (दुविधा)
निरंकुश(नियंत्रण से परे) ,व्याप्त(भरा हुआ) }

17. "इंतज़ार"

ये जिंदगी भी है एक लंबा इंतज़ार

पर इस इंतज़ार में भी एक मजा है मेरे यार।

कभी सुबह का इंतज़ार

तो कभी रात का इंतज़ार

कभी धूप का इंतज़ार

तो कभी छाँव का इंतज़ार

कभी सावन की रिमझिम

फुहार का इंतज़ार

तो कभी पतझड़ का इंतज़ार

मौसम को भी तो रहता है

मौसम बदलने का इंतज़ार।।

कभी बीज से पौधा

बनने का इंतज़ार

तो कभी कली से फूल

खिलने का इंतज़ार

शाख पर लटके अकेले

पत्ते को भी तो है

गिरने का इंतज़ार।।

कभी प्यार का इंतज़ार

तो कभी इकरार का इंतज़ार

इकरार करके भी तो होता है

दीदारे-यार का इंतज़ार

किसी के आने का इंतज़ार

तो किसी के जाने का इंतज़ार

चारों तरफ़ है बस

इंतज़ार ही इंतज़ार।।

कभी जिंदगी का इंतज़ार

तो कहीं मौत का इंतज़ार

जिंदगी को भी तो है

जिंदगी जीने का इंतज़ार

बस इंतज़ार ही इंतज़ार,

इंतज़ार ही इंतज़ार

कभी-कभी तो रहता है

इंतज़ार का भी इंतज़ार।।

जिंदगी भर किया है हमने इंतज़ार

अब तो हो गया है

हमें इंतज़ार से प्यार

खुदा करे इंतज़ार की

ये घड़ियाँ आएँ बार-बार।।

पलकों को रहता है नींद का इंतज़ार

नींद को रहता है ख़्वाबों का इंतज़ार

कभी मनुहार का इंतज़ार

तो कभी सत्कार का इंतज़ार

प्रेमिका को भी रहता है

प्रेमी के इज़हार का इंतज़ार

कभी आशिक का इंतज़ार

तो कभी दिलरुबा के आने का इंतज़ार

हर दिल को रहता है प्यार के

रूहानी पलों का इंतज़ार।।

कभी यूँ ही निकल जाती है

तन्हा ये जिंदगी,

रहता है नज़रों को

किसी को अपना बनाने का इंतज़ार

जिंदगी को भी तो रहता है

हर पल किसी

मासूम सी उम्मीद का इंतज़ार।।

मुफ़्लिसी के मायाजाल में

कमबख्त फँसा रहता है जब कोई

जाने -अनजाने

जिंदगी की किताब में

उलझा रहता है जब कोई

जिंदगी को जिंदादिली से

जीने के लिए उस

हर एक शख्स को रहता है

वक्त की किताब के

धूमिल पन्नों के

पलटने का इंतज़ार।।

जिंदगी की उधेड़बुन में फँसे हुए लोगों को

अपनी ख्वाहिशों की चादर लपेटे

रहता है किसी चमत्कार का इंतज़ार।।

इस क्षणभंगुर जिस्म से

रूह को कब रुख़सत मिले,

कब हो "जन्नत" का दीदार

हर भटकती आत्मा को रहता है

अपने सफ़र के खत्म होने का इंतज़ार।।

कर ले "खुद" पर ही ऐतबार

ना कर किसी का भी इंतज़ार

जिंदगी के हर लम्हे का

जी भर कर ले ले

लुत्फ़ मेरे यार

ना हो बेकरार ,अब तू जा ठहर

यूँ बेवजह ना कर,

किसी का भी इंतज़ार

कर ले खुद से ही "रूहानी-प्यार"

कर ले खुद से ही "रूहानी-प्यार"

कर ले खुद की रूह से

रूबरू मिलने का इंतज़ार

कर ले "खुद" का इंतज़ार

कर ले "खुद" का इंतज़ार।।

{ मुफ्लिसी (गरीबी) ,क्षणभंगुर (क्षणिक)

रुख़सत(विदा होना) ,रूहानी-प्यार (आत्मा का प्रेम) , रूबरू (आमने -सामने) }

18. "जिंदगी की उधेड़बुन में हम मसरूफ हो गए"

(समर्पित मेरे इश्क को)

जिंदगी की उधेड़बुन में

हम कुछ ऐसे मसरूफ हो गए

कैसे सहे ये गम

कि हम तुझसे ही दूर हो गए

एक हसीन दौर था

एक हसीन लम्हा था

हम सनम तेरे प्यार में

जब ऐसे खो गए

दुनिया को भुलाकर

बस यूँ ही मदहोश हो गए।।

धीरे-धीरे ,अपनी-अपनी

जिंदगी के किरदारों में

हम व्यस्त हो गए

जिंदगी की किताब के

पन्ने पलटते गए

हम अलग-अलग पन्नों की

स्याही बनते चले गए

एक राह पर चलते हुए भी

हम दोनों हमसफर

अपनी-अपनी मसरूफियत की

राह पकड़ते चले गए

अपनी-अपनी दुनिया में

होकर मशगूल

हम एक दूसरे की

तारीफ़ करना भी भूल गए

हम क्यों अपनी-अपनी

जिंदगी के फ़लसफ़ों में ही

उलझ कर रह गए

जाने-अनजाने,

ना चाहते हुए भी

अपने दरमियां कुछ

फासलें से हो गए

अपनी दिनचर्या में व्यस्त होते-होते

एक-दूसरे की आदत बनते चले गए

प्यार की दौलत तो है बेशुमार

लेकिन एक-दूसरे पर

खर्च करना भूल गए

एक-दूसरे से बेइंतहा मोहब्बत है

ये बार-बार जताना भी भूल गए

वक्त के दरिया को पार करते-करते

अपनी किश्ती को

अपनी ही नीरसता से

डूबाते चले गए ।।

व्यस्तता की चादर लपेटे,

जिंदगी को तेजी से खर्च करने की

जद्दोजहद में लग गए

जिंदगी में मिठास की

कमी सी होते हुए भी

हम रुककर

जिंदगी में मिठास घोलना भूल गए

बाहर खुशी ढूँढते-ढूँढते

आंतरिक सुकून से

जीवन बिताना ही भूल गए।।

दौड़कर मंजिल तक

पहुँचने की जल्दबाज़ी में

हम सुहाने सफर के पड़ावों का

आनंद उठाना भी भूल गए

कभी तारीफ़ों के पुल बाँधते थे

अब एक-दूसरे की

सराहना करना भी छोड़ते चले गए

अपनी भागती-दौड़ती जिंदगी में

खट्टी-मीठी यादों का

स्वाद भी चखना भूल गए

अपनी इच्छा से, खुद को भूलकर

मसरूफियत की राह में चलकर

खुद को ही पीछे छोड़ते चले गए।।

जिंदगी के मायाजाल में उलझकर

हम 'रूमानियत' को

अनदेखा करते चले गए

अभी रुक ज़रा ,

तू जा ठहर जिंदगी

इस उधेड़बुन में तू हमें कहीं और

जकड़ती ना चली जाए

अभी तू भाग मत,

ऐ जिंदगी

अभी कुछ ख़्वाब पूरे करने रह गए

ऐ जिंदगी

तू थोड़ा फुर्सत से बैठ ज़रा

अभी कुछ अश्क समेटने रह गए

निरंतर आगे बढ़ते रहने की

जद्दोजहद में

कुछ अरमान अधूरे रह गए

आओ फिर से

उन रूहानी पलों की यादों को

समेटते चले जाएँ

थोड़ा रुककर ,थोड़ा थमकर

खूबसूरत जिंदगी के

हर खूबसूरत लम्हें को

भरपूर जिये जाएँ

आओ फिर से करीब आएँ

सारे गिले-शिकवे ही मिट जाएँ

एक पल भी तुझसे दूर ना रह सकेंगे

चाहे ये साँसे ही थम जाएँ

काश यह पल यहीं रुक जाए

हम एक-दूसरे की बाँहों में खो जाएँ

हम तेरे प्यार के नशे में

फिर से मदहोश हो जाएँ

यूँ ही तेरे आगोश में

हमारा दम ही निकल जाए

बस यूँ ही तेरे आगोश में

हमारा दम ही निकल जाए।।

{ अश्क (आँसू) , मशगूल (काम में लगा हुआ)

फ़लसफ़ा (ज्ञान) ,जद्दोजहद (संघर्ष)
रूमानियत(प्रेम उभारने वाली अवस्था) }

19. " मैं हूँ कहाँ "

कौन है मेरा ,मैं हूँ किसकी

यही सवाल मैं हूँ पूछती

अपने आप से

एक उलझन, एक कशमकश

एक खामोशी, एक तन्हाई

एक अकेलापन

मैं हूँ यहाँ ,मैं हूँ वहाँ

पर मैं हूँ कहाँ

ना मैं यहाँ , ना मैं वहाँ

तो मैं आखिर हूँ कहाँ

मैं खुद से खुद को छिपाती

मैं खुद ही खुद को ढूँढती

पर खो गई हूँ मैं जाने कहाँ

ना मैं यहाँ, ना मैं वहाँ

तो मैं आखिर हूँ कहाँ ।।

शायद मैं अपने कमरे में हूँ

अपने बिस्तर पर लेटी

करवटें बदल रही हूँ

सपनों की दुनिया में

खोई हुई हूँ

पर वह दुनिया है कहाँ

ना मैं यहाँ ,ना मैं वहाँ

तो मैं आखिर हूँ कहाँ ।।

शायद मैं अपने घर की

छत पर हूँ

बारिश में भीग रही हूँ

मोरनी की तरह मदमस्त

नाच रही हूँ

पानी की बूँदों पर

इठला रही हूँ

पर वो बूँदे भी है कहाँ

ना मैं यहाँ, ना मैं वहाँ

तो मैं आखिर हूँ कहाँ ।।

शायद सूरज की पहली

किरण में हूँ

चांद की शीतल

चांदनी में हूँ

आसमान के तारों में हूँ

पर वह किरण है कहाँ

और वो चांदनी है कहाँ

और वो तारे हैं कहाँ

ना मैं यहाँ, ना मैं वहाँ

तो मैं आखिर हूँ कहाँ।।

शायद आकाश में उड़ते

किसी पक्षी में हूँ

पानी में तैरते

किसी जलजीव में हूँ

पिंजरे में बंद

किसी मैना में हूँ

जमीं पर रेंगते किसी जीव में हूँ

पर ये सब भी है कहाँ

ना मैं यहाँ, ना मैं वहाँ

तो मैं आखिर हूँ कहाँ।।

शायद फूलों की सुगंध में हूँ

फूलों के ऊपर मंडराते

किसी भंवरे में हूँ

किसी शाख पर लटके

अकेले पत्ते में हूँ

किसी पेड़ की जड़ों में हूँ

पर वह खुशबू है कहाँ

और वह भंवरा है कहाँ

और वह पत्ता भी है कहाँ

और वे जड़े है कहाँ

ना मैं यहाँ, ना मैं वहाँ

तो मैं आखिर हूँ कहाँ।।

शायद गीली मिट्टी की

खुशबू में हूँ

शायद ओस की बूँदो में हूँ

शायद पानी के एक

बुलबुले में हूँ

या शायद हवा के किसी

झोंके में हूँ

पर वह गीली मिट्टी है कहाँ

वह ओस की बूँदे हैं कहाँ

वह पानी के बुलबुले है कहाँ

वह हवा का झोंका है कहाँ

ना मैं यहाँ , ना मैं वहाँ

तो मैं आखिर हूँ कहाँ।।

शायद संगीत के सात

स्वरों में हूँ

शायद मोहन की बंसी में हूँ

शायद मीरा की वीणा में हूँ

या किसी कोयल के मधुर कंठ में हूँ

पर ये सब भी है कहाँ

ना मैं यहाँ ,ना मैं वहाँ

तो मैं आखिर हूँ कहाँ

शायद किसी के दिल में हूँ

शायद किसी के सपनों में हूँ

या शायद किसी की

सांसों में हूँ

पर वह दिल है कहाँ

वे सपने सारे हैं कहाँ

और वे साँसें है कहाँ

ना मैं यहाँ, ना मैं वहाँ

तो मैं आखिर हूँ कहाँ ।।

शायद मैं कहीं भी नहीं हूँ

मेरा शरीर, मेरी आत्मा

मेरा कोई अस्तित्व ही नहीं है

या फिर शायद

मैं कहीं और नहीं हूँ

शायद मैं अपने शरीर में ही हूँ

शायद मैं अपनी चेतना,

दिव्य-स्वरूप आत्मा में ही हूँ

हाँ मैं हूँ

मैं निरंकार ,सर्वस्व, सर्वत्र

सर्वव्यापी ही तो हूँ

हाँ मैं हूँ

हाँ मैं हूँ

हाँ मैं अपनी आत्मा में ही हूँ ।।

{ कशमकश(उलझन) ,अस्तित्व(किसी चीज का होना)
निरंकार (बिना आकार का) , सर्वव्यापी (जो हर जगह मौजूद हो) }

20. "रूहानी-इश्क"

(समर्पित मेरे इश्क को)

बड़ी मुद्दतों के बाद

आज वापस

फ़िज़ाओं में रौनक आई है

आसमान में

इंद्रधनुष के रंगों की छटा से

मौसम ने भी ली अंगड़ाई है

जैसे रात की कालिमा के बाद

भोर की अरूणाई छाई है

चली ठंडी हवा और

महक उठी अमराई है

पूरब दिशा से आ रही

भीनी-भीनी पुरवाई है।।

मेरी धड़कनों में आज

गजब की मस्ती छाई है

हर साँस में तेरे

अहसासों की खुशबू छाई है

तेरी मोहब्बत की बारिश

तन-मन भिगोने आई है

हर कदम पर है तेरा नाम लिखा

मेरी जिंदगी अब तेरी परछाई है।।

तेरे नाम से महक उठे हैं

गुलशन के सारे फूल

हर हसीन लम्हों की यादें

तन-मन को महकाने आई हैं

मेरे इश्क की हर डाल पर

बहारें लौट आई हैं

तेरे इश्क की शबनमी बूँदे

मेरे रूह को भिगोने आई हैं

तेरे इश्क के नूर ने

मेरे रुखसार पर रौनक छलकाई है

तेरे ख़्वाबों में है मेरा ही वज़ूद

तेरी हस्ती, मेरी रूह में

तेरे अहसास को और

पुख्ता कराने आई है

तेरी मुस्कुराहट जैसे

रूह ने इश्क की कोई

नज़्म गाई है

तेरे इश्क में मेरी रूह

फ़ना हो जाए

तुझसे इश्क करके

मैंने अपनी ये किस्मत आजमाई है।।

तुझसे मिलने की तड़प की

तपिश है शायद

आज मौसम में भी कुछ गरमाई है।।

मेरे दिल के मधुबन में

फिर से बहारें छाई हैं

तेरी सच्ची मोहब्बत ने

मेरी रूह यूँ महकाई है

उम्मीद की किरण का

दामन ना कभी छोड़ेंगे हम

तेरे इंतजार की, मेरे जहन में

कसक सी छाई है

मेरी रूह के ज़र्रे-ज़र्रे को

रोशन करने

सूरज ने भी अपनी किरणें फैलाई हैं

तेरे संग कसमे-वादे

फिर से दोहराने की

सुहानी ऋतु आई है ।।

तेरे बिना जिंदगी अधूरी सी लगे

ये तेरी मोहब्बत की दुहाई है

मेरे रूह को तेरी रूह का

साथ जो मिला

मेरे संग अब ना मेरी तन्हाई है

नज़रों से कह ना पाए

हम जो दिल की बात ,

लब तो चुप है

मगर रूह कुछ शरमाई है

वो मुलाकातें

अब ख़्वाबों में दस्तक देती हैं

उन हसीन पलों में

मोहब्बत की गहराई है

तेरे "रूहानी इश्क "का

रूह से अहसास है मुझे

तेरे इश्क में,

ना मेरे प्यार की कभी रुस्वाई है

तू जो मिला तो ऐसा लगा

जैसे मेरी रूह मुस्कुराई है

तेरे इश्क से रूह को सुकून मिले

ये तेरे इश्क की नरमाई है

तेरे इश्क की बारिश की

दबिश है शायद

आसमान ने भी आज

बिजली कड़काई है

तेरे इश्क की कशिश से ये

तन-मन महकने लगे

ये तेरे इश्क की अच्छाई है

आशिकाना मौसम में

शबनमी बूँदों से

रूह को सराबोर करने

घनघोर घटा छाई है ।।

मेरे ख्वाबों की अब तामील हो जाए

मेरी उल्फ़त में इतनी गहराई है

"रूहानी-इश्क" को

शिद्दत से महसूस करके

आज मेरी आँख क्यों भर आई है

अब तुझसे ही शुरु,

तुझपे ही खत्म

ये सिर्फ इश्क नहीं

"रूहानी-इश्क" की सच्चाई है।।

{ अरूणाई(सुबह की लालिमा) ,अमराई (आम का बाग)
पुरवाई (पूर्व दिशा से आने वाली हवा) ,तामील (आज्ञा का पालन करना)
फ़ना होना (विलीन होना,मिट जाना) , पुख्ता (मजबूत)
रूहानी-इश्क (दिव्य- प्रेम), फ़िज़ाओं में (हवाओं में) }

21. "तेरा खुद का ही साया"

न जाने किसकी तलाश में

तू भटक रहा है दरबदर

तू कर अपनी आँखें बंद

और गहरा उतरता जा

अपने ही भीतर

उफ ये कैसी उलझन

उफ ये कैसी कशमकश

क्यूँ देख रहा तू मुसाफिर

इधर-उधर

यूँ ही खामोश सा तू चलता रह

यूँ ही निरंतर

अब तक रहा था तू भटक

अरे ओ मेरे रहगुजर

जितना तू भीतर उतरता गया

इक अनजानी सी थी डगर

पर एक असीम शांति थी

बहुत सुहाना सा था ये सफर ॥

किन स्वप्निल गहराईयों में

रहा है तू उतर

इन गहराईयों की ऊँचाईयों की

तुझे कुछ भी नहीं है खबर

इसी कशमकश में यूँ ही

भटक रहा है तू मगर

निर्मल , निश्चल , अचल , अविरल

बड़ी सरल सी है ये डगर

तनिक ठहर ज़रा

तनिक गहरा झांक ज़रा

क्यूँ हो रहा है तू इतना अधर

मंजिल पाकर भी तू भटक रहा

तेरी मृगतृष्णा का ही

तो है असर ॥

ये यात्रा है अनंत

जिसका नहीं है कोई छोर

तू ठहर मुसाफिर कर मनन

तुझे मिलेगा कोई और

ना तू अल्पज्ञ, ना तू सर्वज्ञ

अनश्वर ,अप्रत्यक्ष की परिकल्पना में

भटक रहा है निरंतर

जिसे ढूँढ रहा

वह है तेरी मृगतृष्णा

पर वास्तव में

वह तो है क्षणभंगुर ॥

कर नियंत्रण हो तटस्थ

सामने है मंजिल

क्यूँ भटक रहा

तेरे ही अंदर की आवाज़

तू सुन ज़रा

सवाल भी तू,

जवाब भी तू

तेरी हर भटकती राह की

है मंजिल भी तू

आ रुक ठहर,

आ प्रत्यक्ष देख तू

क्या खोज रहा है तू

क्या सुन समझ रहा है तू

ज़रा झरोखे से भीतर झाँक तू

ज़रा खुद को ले पहचान तू ॥

तेरी अंतरात्मा ने क्यों ना

तुझको झंझोड़ दिया

तुझे तेरी ही आवाज़

सुनाने के लिए

क्यों न तुझको जगा दिया

तूने इस नश्वर

क्षणभंगुर आवरण को ही

न जाने कब अपनी

तिलस्मी दुनिया बना दिया

तूने खुद ही खुद को

खुद से तलाशा

तूने खुद ही खुद से

खुद को तराशा

जब खुद से खुद को मिलाया

तूने खुद से खुद को पाया ॥

क्या कभी तूने

खुद को है आजमाया

अरे दीवाने

ये कैसा है चक्र रचा

ये कैसी है तेरी माया

जिंदगी की उधेड़बुन ने

तुझको कहाँ-कहाँ भटकाया ॥

जब मैं ही तू और तू ही मैं

मैं ही तो हूँ तेरा साया

मैं ही तुझमें समाया

तू ही मुझमें समाया

अरे ओ अनजान मुसाफिर

तू ज़रा आसपास तो देख

झाँक ले अपने भीतर

वह कोई और नहीं

तू ही तो है

और

'तेरा खुद का ही साया'

'तेरा खुद का ही साया'

'तेरा खुद का ही साया' ॥

{ रहगुजर (रास्ता) ,स्वप्निल(स्वप्न के समान) कशमकश (आंतरिक संघर्ष) अविरल(निरंतर)
अचल(गतिहीन) , मृगतृष्णा(भ्रम) }

22. "शुक्रिया"

(समर्पित मेरे प्यार को)

मेरी जिंदगी में

आने के लिए शुक्रिया

पलकों पर ख़्वाब

सजाने के लिए शुक्रिया

मुझे ढेर सारा

प्यार करने के लिए शुक्रिया

वो कशिश, वो प्यार ,

वो साथ जो तूने मुझे दिया

हँसकर साथ बिताए,

हर उस प्यार भरे हसीन

पल के लिए शुक्रिया।।

तेरे बिना मेरी जिंदगी है अधूरी

तू ही है मेरा सफ़र

तू ही तो है मेरी मंजिल आखिरी ।।

जो कभी तसव्वुर में थी तस्वीर

वो अचानक बन गई मेरी तकदीर

जिसे पाने की ख्वाहिश में

मन हुआ अधीर

क्या तू ही है

मेरे ख़्वाबों की ताबीर।।

मुख़्तसर सी जिंदगी का

अजीब है यह अफ़साना

दुनिया से भी बेखबर

ये तेरा-मेरा याराना

सच्ची मोहब्बत का मिलना है

कुदरत का नज़राना

दिल तो सिर्फ महबूब से

मिलने के लिए है दीवाना

बेपनाह मोहब्बत का अहसास कर,

हर हसीन यादगार पल के लिए

तू कर शुकराना

दिल को फिर से धड़कने दे

आज मौसम भी है आशिकाना

तेरे इश्क की हद को पाना,

जैसे किसी दुआ का

मुकम्मल हो जाना

तेरे सदके में सिर झुकाना

जैसे तेरी चाहत के समंदर में

डूब जाना

तेरे इश्क को कबूल करना

जैसे रब की इबादत करना ।।

ये कैसी मोहब्बत में कशमकश है

आँखों में समंदर है

फिर भी दिल प्यासा है

दिल को यकीं का रास्ता

मिल गया है

कि तेरा इश्क ही

रब की सच्ची इबादत है

तेरी हर मुस्कुराहट में

सुबह का उजाला है

तू सिर्फ मेरी चाहत नहीं

मेरा तो सारा जहाँ है।।

तेरे इश्क का जुनून

ऐसा रग-रग में छाया है

कि तू ही मेरा ख़्वाब

तू ही मेरी हकीकत है

तेरा जिक्र दिल में

कई आरजू जगा देता है

तुझसे मिलने का बेसब्री से

इंतज़ार रहता है

तेरी जुस्तजू में ही दिल को

सुकून मिलता है

तू लबों से इश्क कबूल ना भी करें

तेरी नज़रों से ही

इज़हार-ए-इश्क छलक जाता है।।

हम बेपनाह मोहब्बत में

जान हथेली पर लिए बैठे हैं

हम तेरे इश्क में

बेशकीमती पारस हुए बैठे हैं

तेरी चाहत के समंदर में

हम अपनी किश्ती चलाए बैठे हैं

करने को तेरा दीदार

हम अपने होशोहवास

उड़ाए बैठे हैं।।

तू पास है

तो कोई कमी नहीं,

मेरे इस दिल को

अपनाने के लिए शुक्रिया

तू ही मेरा आज है,

तू ही मेरा कल

मेरी हर साँस में

बस जाने के लिए शुक्रिया

चलो साथ मेरे,

यूँ ही चलते रहे उम्र भर

हर मोड़ पर

साथ निभाने के लिए शुक्रिया

तेरे प्यार में मैंने खुद को पा लिया

मुझे मुझसे ही

मिलाने के लिए शुक्रिया

मेरे रोम-रोम में है

तेरे इश्क का जुनून

मुझे इस "रूहानी इश्क" से

मिलाने के लिए शुक्रिया

'मेरी जिंदगी में आने के लिए शुक्रिया '

'मेरी जिंदगी में आने के लिए शुक्रिया' ॥

{ तसव्वुर (कल्पना) ,मुख़्तसर (अल्प ,छोटी सी) अफ़साना (कहानी) ,जुस्तजू (खोज, तलाश)
ताबीर (सपनों का अर्थ) , पारस(जिसको छूने से लोहा भी सोने में बदल जाता है) }

23. "अंगदान महादान"

कितनी बेमकसद जिंदगी जी रहे हैं हम

ऐ मेरे मालिक कर दे ऐसा कुछ रहम

हर तरफ हो तेरा ही रहमोंकरम

ना रहे कभी कोई जिंदगी में गम

होती रहे यूँ ही खुशियों की बरसात

कभी मुस्कुराहट ना पड़ जाए कम ॥

मिले जिंदगी जीने का मकसद

किसी की यादों में बस जाए हम

जब तक रहे यह जीवन

हम निभाएँ अपने सारे धरम

नेकी के रास्ते पर चलकर

करते रहे सदैव अच्छे करम

जैसे सूरज की किरण पड़ जाते ही

छिटक जाती है शबनम

(ओस की बूँदे)

चंचल नैनों में कोई छवि

बस जाती है मधुरम ॥

गाता रहे यह दिल हमेशा

मधुर गीतों की सरगम

इस स्वप्निल खूबसूरत सी दुनिया का

कभी न टूटे भरम

ख़्वाबों को मुकम्मल करने की

बस ख़्वाहिश है परम

मृगतृष्णा के पीछे क्यों भाग रहा

अब तो ठहर जा ऐ मेरे हमदम ॥

जब तक रहे दम में दम

जिंदगी जीने की मिठास पाते रहें हम

जिस दिन जाएँ जिंदगी की साँसें थम

किसी को नई जिंदगी देकर जाएँ हम

किसी के नैनों में बस जाएँ हम

किसी के दिल में धड़क जाएँ हम

ख़्वाब बनकर किसी की

पलकों में समा जाएँ हम

जाने के बाद भी

इस खूबसूरत सी दुनिया का

दीदार कर पाएँ हम ॥

मरने के बाद भी

किसी के अहसासों में

अमर हो जाएँ हम

ले गर दूजा कोई जन्म

फिर से किसी के काम आ पाएँ हम ॥

तेरे सीने में जो धड़के वो दिल हो मेरा

मेरी सांझ के बाद भी आए सवेरा

सँवारों किसी का जीवन, करो अंगदान

किसी के चेहरे पर ले आओ मुस्कान

मेरी जान, तेरी शान, अमर रहे तेरा गुणगान

करो अंगदान बनो महान

है नेत्रदान ही महादान

प्रण लो, करने का अंगदान

बचा लो तुम किसी की जान

आज हम सब मिलकर खा ले ये कसम

किसी को नवजीवन देकर जाएँगे हम ॥

{ बेमकसद(बिना उद्देश्य के) , मुकम्मल(संपूर्ण)
मृगतृष्णा (भ्रम) }

24. "फरियाद"

(समर्पित मेरे इश्क को)

ये महकी हुई फिजाएँ

ये बहकी हुई बाँहें

कर रही है "फरियाद"

जीवन के उन हसीन

रूमानी लम्हों को

चलो फिर से कर लो याद

वो तड़प, वो कसक

वो दीदारे-यार का इंतज़ार

वो प्यार, वो स्पर्श ,

वो अहसास ,वो कशिश

सब कुछ फिर से

याद कर लो मेरे यार

प्यार की खुशबू से नहाए हुए

उन अनमोल पलों की याद

महकाती रहेगी इन साँसों को

बरसों-बरसों के भी बाद ।।

तू पास ना हो तो

तेरे मिलने की करते हैं फरियाद

यही तो होती है

एक मजबूत रिश्ते की बुनियाद ।।

हाँ फिर से अब जरूरत है

हाँ मुझे तुम्हारे इश्क की

फिर से अब जरूरत है

बंद किताबों के पन्ने

फिर से अब पलटने की

धूमिल पड़ी हुई यादों को

फिर से अब चमकाने की

वो पुराने कसमे-वादे

फिर से अब दोहराने की

अपनी मोहब्बत की कशिश को

फिर से अब बढ़ाने की

अपनी वफा के इस अटूट बंधन को

फिर से और मजबूत बनाने की

प्यार की खुशबू से सराबोर कर

रूह को फिर से अब महकाने की

हाँ मुझे तुम्हारे इश्क की

फिर से अब जरूरत है

तुम्हारे दिल के करीब आने की

हाँ मुझे फिर से अब जरूरत है ।।

ये तेरे मेरे दरमियां

जो भी कुछ फासले से हो गए

वो इस खामोशी की

चादर को लपेटे हुए

खामोशी से अनकहे

चंद अल्फ़ाजों को समझते हुए

एक दूजे का हाथ यूँ ही थामते हुए

खामोशी से ये कशमकश मिटाते हुए

कुछ कहीं कुछ अनकही बातों को

दरकिनार करते हुए

इन उलझनों को आज

इश्क की जुबान से सुलझाते हुए

इन फासलों को आज

ऐ मेरे हमसफर

यूँ ही मिटा देते हैं

हाँ आज भी हम शिद्दत से

तुझसे मोहब्बत करते हैं

तेरी रूह को यह

अहसास करा देते हैं

तेरे इश्क में खुद को

फ़ना कर देते हैं।।

हम तेरी मोहब्बत में

आज भी फरियाद करते हैं

तेरी यादों में रात भर

करवटें बदलते रहते हैं

दिल को तेरे इश्क का

मंदिर बना कर रखते हैं

हर साँस के साथ

तेरा ही नाम जपते हैं

ये इश्क नहीं तोलते हैं

ना कोई सौदा करते हैं

हम इश्क को दिन-रात

रब की इबादत ही मानते हैं

हम आज भी तुझसे

"बेइंतहा मोहब्बत" करते हैं

तेरे करीब ना होने से हम बस

'तुझसे मिलने की फरियाद करते हैं'

'तुझसे मिलने की फरियाद करते हैं'।।

{ अल्फ़ाज (कई शब्द) ,फ़ना (मिट जाना)
फरियाद(शिकायत) , फिज़ा(वातावरण) }

25. "जिंदगी से हमें कुछ आरजू सी है"

(समर्पित मेरे इश्क को)

आज फिर दिल में कुछ कसक सी है

ये कसक है या फिर

तेरे प्यार की महक सी है

यूँ ही फसानों- अफसानों में

गुज़र जाती है जिंदगी

फिर भी जिंदगी से हमें

कुछ आरजू सी है।।

जीवन डगर पर हमराही बन

हाथ पकड़कर चलते-चलते

तुम यूँ ही हाथ छोड़

आगे बढ़ गए न जाने कब

जैसे तुम्हें ये सफर पूरा करने की

कोई जल्दबाजी सी है।।

इस सफ़र में बीते कुछ सुहाने,

मीठे और गुदगुदाते पल

कुछ कड़वाहट भरे

सताते और रुलाते पल

इन खट्टी- मीठी यादों की बौछारों से

आँख में कुछ नमी सी है

साथ रहकर भी

कुछ प्यार भरे चंद पल

ना साथ बिता पाते हैं हम

ये शायद प्यार की

कशिश में कुछ कमी सी है।।

दो दिन तो बीत गए जवानी के

ढल जाएंगे दो दिन और

फिर ना कहना ,बुढ़ापे ने आने में

कुछ दबिश सी की है।।

वक्त की सुईयों को ना कभी

थाम सकती है जिंदगी

क्योंकि जिंदगी को

चलने की आदत सी है ।।

दिल में समेट के रखे हैं

मीठी यादों के

हसीन लम्हात के चंद टुकड़े

पर उन टुकड़ों को सहेज कर रखने से

आज भी दिल में कुछ खलिश सी है।।

दिल तो करता है बहुत

प्यार के इस दरिया में डूब जाने का

पर दिल में प्यार की खुमारी समेटे

सूखे दरिया में किश्ती चलाने की

कोशिश सी है।।

वक्त के साथ धूमिल पड़ जाती है

चाहत की गर्मजोशी भी

आज फिर से दिल ने

चाहत के पंख लगाए

खुले आकाश में उड़ने की

ख़्वाहिश सी की है।।

सूखे दरख़्त पर लटकते

उस पीले पत्ते की तरह

जिसे पतझड़ के बाद सावन की रिमझिम

शबनमी बूँदों का इंतज़ार आज भी है।।

चिराग में जलती हुई

उस लपकती लौ की तरह

अंधकार का सीना चीर

रोशनी फ़ैलाने की

तपिश आज भी है।।

आसमान में उड़ते

उस उन्मुक्त पंछी की तरह

पंख फैलाकर

ऊँचाईयाँ छू जाने की

कसक आज भी है।।

फलक पर जगमगाते

सूरज ,चांद, सितारों की तरह

चहुँओर रोशनी फ़ैलाने की

ललक आज भी है।।

जुस्तजू को दिल में समेटे

बैठे रहते हैं

तेरे इंतज़ार में पलकें बिछाए

तेरी चाहत के बंद दरवाज़े खोलें

ये कमबख्त वक्त ने भी

क्यों देरी सी की है।।

साँसों की लय के साथ चले,

हर धड़कन के साथ बढ़े,

ऐसा तेरा-मेरा प्यार बढ़ता रहे

हर लम्हा तेरे जहन में बसे रहने की

एक छोटी सी कोशिश भर की है।।

छोड़ कर चले जायेंगे

तुझे तन्हा एक दिन

फिर किससे कहोगे

कि मेरे पास वक्त की कुछ कमी सी है।।

चाहत के कुछ पल तो

आओ गुजार ले हम साथ

बीते लम्हों ने आज फिर से

तुमसे सिफ़ारिश की है

लंबी डगर पर हाथ पकड़े

यूँ ही चले हम साथ-साथ

है सुहाना सफर

साथ है हसीन हमसफर

आज इन ठंडी पुरवाईयों ने भी

हमसे 'साथ' चलने की

गुज़ारिश सी की है।।

कुछ तो है ये तेरे-मेरे दरमियां

कुछ तो है ये तेरे-मेरे दरमियां

जिंदगी के आईने में आज

फिर से मेरे अक्स में लौटी

कुछ हसीन "कशिश" सी है।।

आज फिर जिंदगी से हमें

कुछ "आरजू" सी है

आज फिर जिंदगी से हमें

कुछ "आरजू" सी है।।

{ फसानों-अफसानों(कहानियों) , दबिश(दबाव) ,खलिश (कसक)

दरख्त (वृक्ष) , उन्मुक्त (स्वतंत्र)
ललक (प्रबल इच्छा) ,जुस्तजू (तलाश) }

26. "प्यार का सुरूर"

(समर्पित मेरे प्यार को)

इस झूठी दुनिया की भीड़भाड़ से दूर

आओ हम मिलकर

साथ-साथ चले बहुत दूर

बनाएँ एक ऐसी दुनिया

जो हो खुशियों से भरपूर

झूठे वादे झूठे रिश्ते

झूठी कसमें झूठी रस्मे

बस यही है इस

झूठी दुनिया का दस्तूर

एक दूजे का हाथ थामे

आओ साथ चले बहुत दूर

हम तुझे चाहे तू हमें चाहे

बढ़ता रहे यूँ ही प्यार का सुरूर

ओ मेरे जाने-जिगर

ओ मेरे जाने-वफा

ना देना तू कभी मुझे दगा

मुझसे सदा ही करना

ऐसी तुम वफ़ा

ऐ मेरे हमदम, ऐ मेरे हुज़ूर

कभी ना जी सकेंगे

हम रह कर तुझसे दूर ।।

आज फ़िज़ाओं में कुछ घुटन सी है

आज हवाओं में कुछ दबिश सी है

राहे-उल्फ़त में अक्सर ऐसा होता है

आँखें हँसती है और दिल रोता है।।

मोहब्बत का थर्मामीटर चढ़ने दे,

बढ़ने दे प्यार का सुरूर

ना तुझे गुरूर ,

न मुझे गुरूर,

फिर ना जाने किस बात का है

जिंदगी को गुरूर

दिल तेरे लिए ही धड़कता है

इस मासूम दिल का क्या कसूर

मेरे जहन में बस गया है

तेरे इश्क का फितूर

महबूब का नाम लबों पर आते ही

महबूबा के चेहरे का बढ़ जाता है नूर

दिल धड़कता तो है

पर इश्क के हाथों

हो जाता है मजबूर

हम दोनों मिलकर

इस बेदर्द जमाने के

गलत मंसूबों को कर देंगे चकनाचूर

रुस्वाई का डर भी नहीं

तेरे-मेरे इश्क के

चर्चे भी है मशहूर।।

तेरी आंखों में है

खुदा की रहमत का नूर

मेरी रूह को

मोहब्बत का सजदा करा दिया तुमने

तेरे लफ़्ज़ों में है

मेरी दुआओं की खुशबू

मेरे हर दर्द को

मरहम बना दिया तुमने

तेरे होने से लगता है ,

है ये जिंदगी मुकम्मल ,

मेरी मोहब्बत को

रब की इबादत बना दिया तुमने

दिल को मिला

रूहानी सुकून का रास्ता

मेरे "रूहानी इश्क" को

"उल्फ़त"बना दिया तुमने।।

तू इज़हार-ए-इश्क ना भी कर

तेरी नज़रों से छलक जाता है

इश्क का नूर

दर्दे-दिल बयां कर सके

इतनी तो इनायत कीजिए हुज़ूर

आहिस्ता-आहिस्ता

इश्क की कसौटी पर

खरा उतरना भी है जरूर

बस तेरे-मेरे दरमियां

बढ़ने दे "प्यार का सुरूर"

बस तेरे-मेरे दरमियां

बढ़ने दे "प्यार का सुरूर "

{ दबिश (दबाव) , सुरूर (नशा) , इनायत (मेहरबानी)
फ़िज़ाओं (वातावरण) ,फितूर(जुनून) ,मंसूबों(इरादों) }

27. "ऐ मेरे दोस्त, ऐ मेरे हमदम"

(समर्पित मेरे प्यार को)

एक हसीन दर्द लिए जी रहे हैं हम

तेरे प्यार ने न जाने किए

कितने सितम

बस और नहीं है जमाने में

हमें कोई भी गम

ना है जिंदगी में कोई और ख्वाहिश

आरजू नहीं तेरी जिंदगी से कम

बस जुस्तजू है तेरी सनम,

तेरी सनम,

तेरी सनम

आ मेरी बाँहों के आगोश में तू आजा

दूँ मैं तुझे कुछ आराम

पल भर के लिए ही सही

आ मिटा दूँ, तेरी सारी थकान।।

दो दिल मिले

दिल में प्यार की कलियाँ खिली

कुछ कशिश, कुछ नया अहसास

दिल में बस जाती है

हज़ारों ख्वाहिशें और

हज़ारों मीठी सी बात

चुपके- चुपके से होती है

चंद मुलाकात

ये ही तो होती है

एक खूबसूरत से

रिश्ते की शुरुआत।।

ऐ मेरे दोस्त, ऐ मेरे हमदम

आ मिलकर खा लें ये कसम

लेकर हाथों में एक-दूजे का हाथ

सदा रहेंगे हम दोनों यूँ ही साथ-साथ

डरने की क्या हो कोई भी बात

हम दोनों हो जब साथ-साथ

जिंदगी के उतार-चढ़ाव में

आगे बढ़ते रहे हम

मस्ती से थामें एक- दूजे का हाथ।।

जब तक रहे दम में दम

सदा एक- दूसरे के सुख-दुःख

बाँटते रहे हम

चाहे मिले कभी खुशियाँ

चाहे मिले कभी गम

गाता रहे ये दिल

मधुर गीतों की सरगम

एक -दूसरे का साथ निभाने के लिए

लेंगे हम बार-बार जनम

हर जनम में बार-बार बनेंगे

एक-दूसरे के हमदम

और गाते रहेंगे यह सरगम

"तेरा साथ है कितना प्यारा

कम लगता है जीवन सारा

तेरे मिलन की अगन में

हमें आना पड़ेगा

"दुनिया में दोबारा"

"ऐ मेरे दोस्त, ए मेरे हमदम"

आ मिलकर खा लें ये कसम

आ मिलकर खा लें ये कसम ॥

{ जुस्तजू (तलाश)
आगोश (आलिंगन) }

28. "बेइंतहा प्यार"

(समर्पित मेरे प्यार को)

करती हूँ खुदा से दुआ मैं अक्सर

कि यूँ ही तू हमेशा हँसे मुस्कुराए

कभी तेरा प्यार ना हो कम

तू यूँ ही मुझे बेइंतहा प्यार किए जाए

एक सिवाय मेरी जान तेरे

दूजा कोई कभी

इस दिल में ना समाए

कभी भी बिछड़े नहीं हम

एक दूजे से कभी ना रूठ जाएँ

एक पल भी तेरे बिना जिऊँ मैं

कभी ऐसा ना वक्त आए

जब कभी मुझे मौत भी आए

तो तेरे आगोश में ही आए

फिर लूँ मैं गर दूजा कोई जनम

"तू" ही "तू" सनम मेरी जिंदगी में आए।।

कैसी है ये मोहब्बत

कैसा है ये करार

तेरे बिना अधूरी है

जन्नत की हर बहार

हर साँस में होगा तेरा ही इकरार

हर लम्हा तुझ में ही ढूँढेंगे

अपना सुंदर सा संसार

रास्ते पर नज़रें बिछाए

करते हैं

तेरा इंतज़ार

होशोहवास खोए बैठे हैं

करने को तेरा दीदार

करते रहेंगे तुझे यूँ ही बेइंतहा प्यार।।

उल्फ़त के नग्में गाएँ

हम राहों में खड़े रह जाते हैं

इस मोहब्बत की कसौटी पर

हम सदा खरे ही उतरते हैं

प्यार के इम्तिहान में हमेशा हम

अव्वल ही आते हैं

ख़्वाबों में भी तुझसे मिलने की ही

फरियाद करते हैं

तुझसे मुलाकात की हसरतें लिए

तेरे सजदे में हम

इश्क का कलमा पढ़ते हैं।।

कभी गज़ल के अल्फ़ाज बनकर

कागज़ पर उतर जाते हो

कभी जिंदगी का साज़ बनकर

दिल की आवाज़ बन जाते हो

कभी मेरे पंखों के परवाज़ बनकर

नीले गगन की सैर करवाते हो

कभी जीवन की डोर थाम कर

पूरी कायनात मेरे कदमों में

बिछाते हो

कभी सपनों के सौदागर बनकर

मेरे सारे ख़्वाब पूरे कर जाते हो

कभी राहे-उल्फ़त में खुद को

फ़ना किए जाते हो

कभी दिल के गुलशन में

बहार बनकर

मेरे जहन में बस जाते हो

कभी मेरे रोम-रोम में इश्क बनकर

लहू सा दौड़ जाते हो

कभी रफ्ता-रफ्ता तुम मेरे दिल की

गहराईयों में उतर जाते हो

कभी मेरे रुखसार पर

हया की लालिमा बनकर

बिखर जाते हो

कभी खुद को ही भुलाकर

मुझ में ही समा जाते हो

कभी अंधेरे को भी रोशनी में

तब्दील किए जाते हो

कभी मेरे दिल में मोहब्बत के चिराग

रोशन किए जाते हो

कभी मेरी हर धड़कन को

अपनी धड़कन में समाए जाते हो

तुम कहीं खुदा का भेजा हुआ

मेरे इश्क का फ़रमान तो नहीं,

कभी मेरी रूह को

"रूहानी इश्क" के अहसास से

सराबोर किए जाते हो

तेरी रूह से बंध गई है मेरी रूह अब

तुझसे मोहब्बत ,

जैसे रब की इबादत को

नसीब किए जाते हो

तुम मुझसे यूँ ही

"बेइंतहा प्यार किए जाते हो"

"बेइंतहा प्यार किए जाते हो"।।

{ अल्फ़ाज (शब्द) , करार (समझौता)
रफ्ता-रफ्ता(धीरे-धीरे) ,फ़रमान (आदेश)
तब्दील (बदलना), परवाज़(उड़ान)
फ़ना (मिट जाना) ,रुखसार (गाल) }